...MENT DU 16 AVRIL 1898

CONCERNANT

les soins et précautions à prendre

POUR LA

CONSERVATION DES POUDRES

MUNITIONS

ARTIFICES & EXPLOSIFS

PARIS

Henri CHARLES-LAVAUZELLE

Éditeur militaire

10, Rue Danton, Boulevard Saint-Germain, 118

—

(MÊME MAISON A LIMOGES)

RÈGLEMENT DU 16 AVRIL 1898

CONCERNANT

LES SOINS ET PRÉCAUTIONS A PRENDRE

POUR LA

CONSERVATION DES POUDRES

MUNITIONS, ARTIFICES & EXPLOSIFS

RÈGLEMENT DU 16 AVRIL 1898

CONCERNANT

les soins et précautions à prendre

POUR LA

CONSERVATION DES POUDRES

MUNITIONS

ARTIFICES & EXPLOSIFS

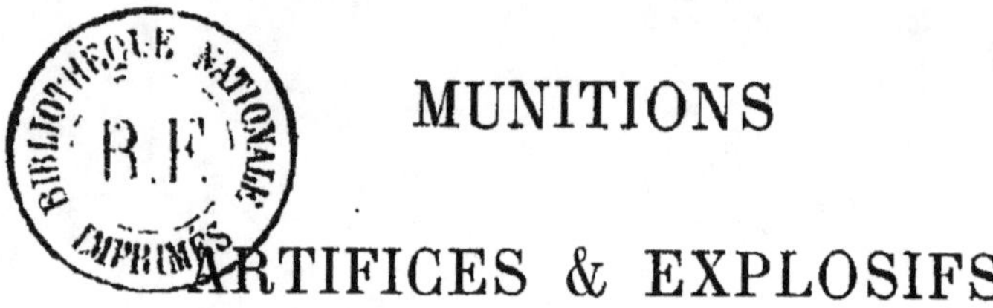

PARIS

Henri CHARLES-LAVAUZELLE

Éditeur militaire

10, Rue Danton, Boulevard Saint-Germain, 118

(MÊME MAISON A LIMOGES)

LISTE

des documents annulés.

1884. 26 novembre. — Règlement concernant les soins et précautions à prendre pour la conservation des poudres et munitions de guerre dans les magasins.

1886. 1ᵉʳ février. — Lettre collective n° 1-1, au sujet de l'emmagasinage des poudres des dispositifs de mine.

1886. 5 février. — Lettre collective n° 2-2, au sujet des mesures à prendre pour assurer la conservation des caisses à poudre vides.

1888. 9 janvier. — Règlement et arrêté concernant le transport des poudres, munitions, artifices et explosifs par les compagnies de chemins de fer.

1889. 20 juin. — Circulaire complémentaire de l'arrêté du 9 juin 1888 concernant le transport des poudres, munitions, artifices et explosifs par les compagnies de chemins de fer.

LISTE

des documents à consulter pour l'application du règlement du 16 avril 1898 concernant les soins et précautions à prendre pour la conservation des poudres, munitions, artifices et explosifs.

Numéros des articles du règlement auxquels correspond le document.	DATES des DOCUMENTS.	TITRES DES DOCUMENTS.	NUMÉROS ET DATES des feuilles rectificatives.
32	1854, 22 juin.	Loi qui établit des servitudes autour des magasins à poudre de la guerre et de la marine.	
36	1869, 16 avril	Circulaire relative à l'éclairage des magasins à poudre souterrains.	
9	1870, 17 févr.	Instruction sur la fabrication et l'emploi des fusées en bois, à tube métallique pour projectiles creux.	Feuille modificative du 25 octobre 1875.
36, 37	1874, 28 août.	Note sur un modèle de lanterne portative adopté pour l'éclairage des magasins à poudre du temps de guerre.	
36	1875, 23 avril	Circulaire relative à l'éclairage des magasins à poudre permanents.	Feuille rectificative n° 1, du 19 déc. 1875. Feuille rectificative n° 2, du 24 janvier 1877.
21	1875, 21 juill.	Note sur l'empilage des projectiles oblongs, avec annexes du 17 mars 1879 et du 11 mars 1885.	
19	1877, 20 févr.	Circulaire relative à l'emmagasinement en vrac des gargousses de 138^{mm}, de 7 et de 5 dans les magasins permanents.	
46	1877, 23 mars	Instruction pratique pour l'établissement des paratonnerres des édifices militaires et principalement des magasins à poudre.	
55	1879, 15 déc.	Circulaire n° 99. — Emmagasinement des récipients métalliques renfermant les poudres destinées au chargement de certains dispositifs de mine permanents.	
49	1883, 9 mars.	Instruction relative aux différents dispositifs à employer pour les expéditions en vrac des obus oblongs, terminés, de tous calibres, avec annexe du 15 août 1889.	
14	1884, 31 janv.	Instruction relative aux précautions à prendre pour éviter les accidents dans la réparation des caisses à poudre.	
43	1884, 21 févr.	Instruction sur l'emploi d'un vase argenté pour assurer l'aération des magasins à poudre souterrains.	

Numéros des articles du règlement auxquels correspond le document.	DATES des DOCUMENTS.	TITRES DES DOCUMENTS.	NUMÉROS ET DATES des feuilles rectificatives.
9	1885, 4 juill.	Note sur l'emploi de la fusée pour grenade à main modèle 1882 et sur les précautions à prendre pour assurer sa conservation en magasin.	
9	1885, 20 août.	Tables de construction de la caisse blanche à amorces de cartouches pour armes modèle 1874.	
34	1888, 9 févr.	Circulaire sur les prescriptions pour l'exécution des mesures relatives au tir des feux d'artifice dans le voisinage des poudreries, magasins et dépôts de poudres à feu.	
9	1889, 3 juill.	Note relative à l'allumeur modèle 1889 pour mèche lente.	
9	1889, 31 juill.	Instruction pour la confection et l'emboîtage des détonateurs pour pétards explosifs.	Feuille rectificative n° 1, du 25 janvier 1891.
49	1890, 12 janv.	Note relative au transport des obus allongés chargés en mélinite sur les chariots de parc des équipages de siège.	
54	1890, 23 mars	Règlement sur le service des bouches à feu de siège et de place. (Titre V. Transport des munitions par les chemins de fer à voie de $0^m,60$.)	
16	1891, 31 mai.	Instruction sur les écritures concernant les mouvements intérieurs dans les places comptables à la tenue des magasins.	Édition approuvée le 17 mars 1896.
21	1891, 12 août.	Note sur l'emmagasinement des obus à mélinite dans les batteries de côte dépendant du département de la guerre.	Feuille rectificative n° 1, du 30 mai 1896.
15	1893, 2 mai.	Note relative à une brouette pouvant être utilement employée pour le transport des caisses à poudre dans les places de guerre.	
36	1893, 10 juin.	Instruction destinée à guider les représentants locaux des services de l'artillerie et du génie pour l'établissement des procès-verbaux concernant l'éclairage des magasins à poudre-cavernes.	
46	1893, 19 août.	Circulaire n° 1767 relative aux magasins à cartouches et aux magasins à projectiles chargés d'explosifs.	
48	1895, 22 avril	Instruction pour les officiers chargés de former les échantillons destinés à l'exécution des épreuves de contrôle effectuées par la commission	

Numéros des articles du règlement auxquels correspond le document.	DATES des DOCUMENTS.	TITRES DES DOCUMENTS.	NUMÉROS ET DATES des feuilles rectificatives.
		centrale de réception des poudres de guerre.	
53	1895, 28 mai.	Instruction pour l'application du traité du 15 juillet 1891 pour l'exécution des transports ordinaires du matériel de la guerre.	
27	1895, 3 juin.	Circulaire n° 2-1 relative à l'établissement de sonneries d'avertissement entre les guérites des sentinelles et les postes.	
9	1895, 20 juill.	Instruction sur l'emploi et l'entretien des artifices à composition Lamarre.	
9	1895, 6 sept.	Instruction sur les feux télégraphiques de nuit Coston.	
47	1896, 31 mars	Instruction sur les précautions à prendre pour la conservation des obus à balles de 80 modèle 1895, et sur les visites annuelles à leur faire subir.	
47	1896, 11 avril	Instruction relative à la visite annuelle des poudres, munitions, artifices et explosifs.	Feuille rectificative n° 1, du 17 mars 1897.
47	1896, 30 avril	Instruction relative à la visite annuelle des étoupilles.	
9	1896, 30 avril	Note sur l'étoupille électrique modèle 1890.	
	1896, 4 mai.	Règlement sur les précautions à prendre dans les salles d'artifices et dans les ateliers où l'on effectue soit un chargement, soit un déchargement de munitions.	
47	1896, 27 mai.	Instruction relative à la visite annuelle des munitions et artifices se rapportant spécialement à l'emploi des explosifs.	Feuille rectificative n° 1, du 29 avril 1898.
9	1896, 13 oct.	Tables de construction de la caisse blanche pour amorces modèle 1890.	
36	1896, 28 nov.	Notice descriptive des appareils d'éclairage des magasins à poudre souterrains.	
45	1896, 28 nov.	Instruction sur l'emploi des lampes de sûreté, des lampes-disques transformées et des lanternes-appliques de couloir employées pour l'éclairage des magasins à poudre souterrains.	
9	1896, 8 déc.	Instruction sur les marrons de signaux.	
47	1897, 26 févr.	Instruction relative à la visite annuelle des fusées et des projectiles chargés en poudre noire.	

Numéros des arti- cles du règlement auxquels corres- pond le document.	DATES des DOCUMENTS.	TITRES DES DOCUMENTS.	NUMÉROS ET DATES des feuilles rec- tificatives.
47	1897, 18 mars	Instruction sur la vérification an- nuelle des cartouches confection- nées et des éléments de cartouches des approvisionnements de guerre.	
49	1897, 21 juin.	Note relative à un cadre porte-obus pouvant être utilement employé pour le transport des obus dans les places.	
15	1897, 30 juin.	Instruction sur l'engerbement des divers récipients renfermant des poudres, munitions, artifices ou explosifs.	
10	1897, 21 juill.	Instruction sur l'embarillage des mélinites.	
9	1897, 30 août.	Instruction sur l'encaissage des amorces destinées à l'amorçage des obus explosifs.	
9	1897, 30 août	Instruction sur l'encaissage des dé- tonateurs pour obus.	
9	1897, 11 oct.	Note relative à l'amorce fulminante modèle 1880 pour pétards explo- sifs.	
53	1897, 12 nov.	Règlement sur les précautions à prendre pour le transport des pou- dres, munitions, artifices et explo- sifs par les compagnies de che- mins de fer.	
6	1898, 27 janv.	Instruction sur l'encaissage des pou- dres.	
47	1898, 18 févr.	Instruction sur le coiffage des fusées à double effet.	
8	1898, 12 mars	Instruction sur l'encaissage des gar- gousses.	
8	1898, 12 mars	Instruction sur l'encaissage des gar- gousses pour canons de siège.	
8	1898, 12 mars	Instruction sur l'encaissage des gar- gousses pour canons de côte.	
9	1898, 28 mars	Note sur les étoupilles à friction. (Description, empaquetage et en- caissage.)	

RÈGLEMENT DU 16 AVRIL 1898

CONCERNANT

LES SOINS ET PRÉCAUTIONS A PRENDRE

POUR LA

CONSERVATION DES POUDRES

MUNITIONS, ARTIFICES & EXPLOSIFS

Le présent règlement est divisé en onze titres, savoir :

TITRE I.

DISPOSITIONS GÉNÉRALES.

Art. 1ᵉʳ. — Dans toute place, ainsi que dans tout établissement où il existe un approvisionnement de poudres, de munitions, d'artifices ou d'explosifs, il est organisé un service des munitions qui, en principe, est dirigé par un officier. Le commandant de l'artillerie ou le directeur de l'établissement veille, d'une manière spéciale, à la conservation de cet approvisionnement; il demande, pour sa sûreté, à l'autorité militaire, tous les moyens de surveillance qu'il juge nécessaires, et il assure l'exécution rigoureuse des prescriptions contenues dans le présent règlement.

Art. 2. — Le garde d'artillerie comptable est responsable de la quantité et, s'il n'y a pas de garde chef artificier dans l'établissement, du bon état des poudres, munitions, artifices et explosifs déposés dans les magasins, ainsi que de tous les autres objets qui y existent, et qui sont portés sur les inventaires.

Les gardiens de batterie sont responsables, dans les mêmes conditions, des objets déposés dans les magasins des ouvrages dont ils ont la surveillance.

Art. 3. — Dans les places et dans les établissements où il se trouve un garde chef artificier, celui-ci est chargé, sous les ordres de l'officier désigné pour diriger le service des munitions, de veiller au classement, à l'engerbement, ainsi qu'au bon entretien des poudres ou munitions, artifices et explosifs existant dans les magasins de l'établissement. A défaut de garde chef artificier, on y supplée, autant que possible, par un chef ou sous-chef artificier, ayant obtenu le certificat d'aptitude professionnelle délivré par l'Ecole centrale de pyrotechnie militaire.

Art. 4. — Il est ouvert dans chaque place ou établissement trois registres :

Le premier de ces registres, qui doit contenir une liste récapitulative des magasins à poudre, avec indication de leur contenance maximum, est destiné à recevoir l'inscription de tous les documents relatifs à l'état des magasins, tels que procès-verbaux de réception, description des travaux faits pour l'entretien et la réparation des locaux, comptes rendus des essais concernant la siccité des magasins, procès-verbaux de la visite des paratonnerres et des appareils d'éclairage, relevé des observations concernant les précautions à prendre pour aérer les magasins et pour y empêcher toute élévation exagérée de température, etc.

Le second registre est destiné à recevoir l'inscription de toutes les observations concernant la manière dont les poudres, munitions, artifices et explosifs se conservent dans les magasins, et notamment l'inscription des résultats fournis par les épreuves prévues par l'article 48 du présent règlement.

Ces deux registres sont arrêtés, chaque année, par les directeurs des établissements, qui y inscrivent leurs observations; ils sont soumis au contrôle des inspecteurs généraux.

Le troisième registre, qui est conforme au modèle annexé au présent règlement, est destiné à faire connaître la manière dont les différents lots de poudres, de munitions, d'artifices et d'explosifs sont répartis dans les divers magasins de la place ou de l'établissement.

TITRE II.

ENCAISSAGE DES POUDRES, MUNITIONS, ARTIFICES ET EXPLOSIFS.

Art. 5. — L'ouverture et la fermeture des récipients contenant de la poudre, des munitions, des artifices ou des explosifs, doivent être faites à l'extérieur des magasins, sous la surveillance immédiate du garde chef artificier, du gardien de batterie ou d'un sous-chef artificier; le surveillant s'assure que toutes les précautions convenables sont prises.

Art. 6. — Les poudres de guerre sont encaissées.:

Soit dans des caisses en bois doublé de zinc (modèle 1875 ou modèle 1883);

Soit dans des caisses métalliques (modèle 1887 ou modèle 1887-89).

Elles peuvent également être conservées dans des barils.

Les caisses en bois doublé de zinc et les barils sont toujours placés dans une chape en bois.

Les caisses métalliques ne sont protégées par une chape que pendant les transports; elles peuvent être considérées comme étant parfaitement étanches, pourvu que l'on ait pris le soin de les garantir de la chute directe des eaux d'infiltration ou de condensation (1); il n'en est pas de même des caisses en bois doublé de zinc et des barils.

Art. 7. — Les munitions constituant les approvisionnements des équipages de campagne, de siège ou de montagne, sont encaissées soit dans des coffres à munitions, soit dans des caisses blanches de double approvisionnement, soit dans des caisses à gargousses. Les munitions constituant les approvisionnements des équipages de siège peuvent être également encaissées soit dans des caisses à poudre, soit dans des caisses à munitions confectionnées.

Art. 8. — Les munitions ne faisant pas partie des approvisionnements des équipages de campagne, de siège ou de montagne, sont encaissées dans les conditions indiquées ci-après :

Les cartouches pour armes portatives sont placées dans des caisses blanches.

Les gargousses métalliques peuvent être conservées

---

(1) Le cas échéant, il est avantageux de disposer, au-dessus des caisses de la couche supérieure, des récipients en zinc destinés à recevoir les eaux d'infiltration ou de condensation.

en vrac lorsqu'elles sont déposées dans des magasins présentant des garanties suffisantes au point de vue de la siccité. Dans le cas contraire, il convient de les placer dans des récipients les mettant à l'abri de l'humidité.

Les gargousses autres que les gargousses métalliques sont placées, soit dans des caisses spéciales, en cuivre, dites caisses à munitions confectionnées, soit dans des caisses à poudre modèle 1887 ou modèle 1887-89, soit dans des gargoussiers en zinc. Ces divers récipients peuvent être considérés comme étant parfaitement étanches, pourvu que l'on ait pris le soin de les garantir contre la chute directe des eaux d'infiltration ou de condensation (1).

A défaut de caisses métalliques, on peut utiliser soit les caisses à munitions n° 1 et n° 2 des batteries de côte, qui ont été maintenues provisoirement en service, soit des barils, soit des récipients de divers modèles (coffres ou caisses) pourvus intérieurement d'une enveloppe en zinc; mais, en raison du manque d'étanchéité de ces récipients, il convient de ne les employer que dans les magasins présentant des garanties suffisantes au point de vue de la siccité.

Art. 9. — Les artifices sont généralement encaissés dans des caisses blanches; ceux qui entrent dans la composition des équipages de campagne, de siège ou de montagne, peuvent également être encaissés, soit dans des coffres à munitions, soit dans des caisses spéciales, dites caisses de transport.

Les artifices pour l'encaissage desquels il n'existe pas de prescriptions spéciales doivent, autant que possible, être conservés dans les caisses employées par les établissements producteurs.

Art. 10. — La mélinite et les explosifs analogues sont généralement conservés dans des fûts à pétrole.

---

(1) Voir la note de la page 14.

TITRE III.

ENTRETIEN ET RÉPARATION DES RÉCIPIENTS.

Art. 11. — Les chapes des récipients conservés dans des magasins humides sont enduites d'une couche de coaltar à l'intérieur et à l'extérieur (1). Il faut veiller particulièrement à ce que les joints soient mastiqués et convenablement enduits de coaltar, ces points étant ceux par lesquels l'humidité peut arriver le plus facilement jusqu'au récipient intérieur.

Les poignées en corde, si elles sont laissées après les chapes, doivent être protégées par un enduit (2).

Art. 12. — Les caisses à poudre, ainsi que les caisses à munitions, doivent toujours, même lorsqu'elles sont vides, être fermées régulièrement (3); les couvercles sont vissés sur leurs chapes.

Le transport sur les chemins de fer des caisses à poudre et des caisses à munitions vides doit, en toutes circonstances, être effectué au moyen de wagons couverts.

Art. 13. — Pour effectuer la visite des récipients placés dans des locaux peu éclairés, on se sert de petits miroirs à main, au moyen desquels on projette un faisceau lumineux sur les points à examiner. Le cas échéant, les parois extérieures des chapes et des caisses en bois sont fortement essuyées avec des morceaux de toile et avec une brosse passe-partout, afin d'en détacher les insectes qui pourraient y avoir déposé leurs œufs.

Art. 14. — Si un récipient contenant de la poudre, des munitions, des artifices, des explosifs, est détérioré au point de nécessiter des réparations, il est débarrassé de son contenu, sous la surveillance du garde chef artificier ou du gardien de batterie chargé de la surveillance du magasin; ces employés s'assurent eux-mêmes que le récipient ne renferme plus ni poudre ni poussier, et que la réparation peut être effectuée sans danger. Le récipient est alors envoyé à un atelier de réparations.

---

(1) Cette opération, pour laquelle on peut avantageusement employer un mélange de deux parties de coaltar et d'une partie d'huile lourde (en volume), est renouvelée toutes les fois que la nécessité en est reconnue.

(2) On peut employer, pour cet usage, les huiles lourdes provenant des usines à gaz.

(3) Lorsque les caisses à poudre modèle 1875 et les caisses à poudre modèle 1883 sont vides, on peut se dispenser de coller des bandes de papier d'étain sur les joints du tampon et sur la tête des vis.

TITRE IV.

EMMAGASINEMENT DES POUDRES, MUNITIONS, ARTIFICES ET EXPLOSIFS.

Art. 15. — Les poudres, les munitions, les artifices et les explosifs sont emmagasinés par espèce, et, pour chaque espèce, par établissement producteur, par année de fabrication et par lot. On doit éviter de multiplier le nombre des magasins dans lesquels sont placés des poudres, munitions, artifices ou explosifs faisant partie d'un même lot de fabrication.

Les matières et objets d'origine inconnue, les poudres et explosifs provenant de démolition, les poudres, munitions et artifices qu'un ordre ministériel a déclassés ou classés comme devant être consommés à bref délai, sont mis à part.

Art. 16. — Dans chaque magasin sont placées des étiquettes faisant connaître :

1º La quantité de poudre et d'explosif de chaque espèce, le nombre de munitions et d'artifices de chaque espèce (non compris les munitions et artifices déclassés);

2º Le nombre de munitions et d'artifices de chaque espèce, déclassés.

En outre, des étiquettes spéciales indiquent, pour chaque espèce, la quantité par établissement producteur, par année de fabrication et par lot, ainsi que la date de l'entrée en magasin.

Art. 17. — Dans les places et dans les établissements où, par suite d'un manque absolu de locaux convenables, on serait forcé de s'écarter des prescriptions ci-après indiquées, on ne le fera qu'après en avoir rendu compte au Ministre et avoir obtenu son autorisation.

Art. 18. — Les poudres sont emmagasinées dans les magasins à poudre. A moins d'une autorisation spéciale, on ne doit pas introduire dans les magasins des places de guerre les poudres appartenant à l'administration des contributions indirectes.

Art. 19. — Les gargousses métalliques en caisses ou en vrac, les gargousses confectionnées avec des sachets en étoffe ou en papier et renfermées dans des récipients non susceptibles de laisser tamiser de la poudre, peuvent être placées dans les magasins où se trouvent déjà des poudres.

Art. 20. — Les gargousses ne remplissant pas les

conditions mentionnées dans l'article 19 et les cartouches pour armes portatives sont, au point de vue de l'emmagasinement, considérées comme des artifices.

Art. 21. — Les projectiles chargés sont déposés au rez-de-chaussée de magasins bien fermés et bien secs; ils sont placés debout sur leur culot ou disposés en piles, soit sur tringles, soit en vrac. Dans ce dernier cas, il convient de prendre des mesures pour que la première couche soit à l'abri de l'humidité. Ces magasins doivent être construits de préférence en matériaux incombustibles (maçonnerie, fer, ciment, dalles, etc.).

Le plomb et ses dérivés, dont la présence, en cas d'incendie, pourrait occasionner des explosions, doivent être exclus de la construction des magasins destinés à contenir des obus explosifs.

Quand les circonstances locales s'y prêtent, les projectiles chargés en poudre noire, les obus explosifs chargés et non amorcés, les obus explosifs chargés et amorcés, sont placés dans trois magasins différents.

Dans les pays chauds, les obus explosifs déposés dans des magasins dont la température peut devenir très élevée doivent être, de préférence, placés debout sur leur culot.

Art. 22. — Les munitions affectées à l'armement de sûreté (projectiles et gargousses) sont déposées, en permanence, dans l'abri voûté le plus voisin de la pièce à laquelle ces munitions sont destinées. Pourtant, si cet abri ne présente pas des conditions de siccité suffisantes, les directeurs peuvent, avec l'autorisation des généraux gouverneurs, placer ces munitions dans un magasin situé dans l'ouvrage même et en communication facile avec le rempart.

Art. 23. — Les munitions délivrées aux corps de troupe sont placées dans des magasins désignés par le génie pour servir de dépôts de munitions. Dans les places où les magasins réguliers font défaut, les munitions peuvent être exceptionnellement placées à l'intérieur des casernes ou dans des locaux convenables, choisis, autant que possible, en dehors de la circulation et présentant les conditions exigées de siccité et de sécurité.

Art. 24. — La mélinite et les explosifs analogues sont conservés dans des magasins suffisamment secs, à l'abri de l'incendie, et ne contenant ni poudres, ni munitions, ni artifices. Ces magasins peuvent garder leurs serrures, quand bien même elles seraient en fer, mais le plomb et ses dérivés, dont la présence en cas d'incendie pourrait occasionner des explosions, doivent être exclus de leur construction.

Art. 25. — En principe, un local spécial est réservé aux artifices. Toutefois, les pétards modèle 1886 et les artifices analogues non amorcés peuvent sans inconvénient être placés dans des magasins contenant des approvisionnements d'explosifs.

D'autre part, il convient, quand cela est possible, de mettre dans des locaux entièrement séparés :

A) Les feux télégraphiques de nuit Coston. Ces feux doivent toujours être placés dans des locaux exempts d'humidité, qu'il convient d'aérer fréquemment, surtout pendant les chaudes journées de l'été.

B) Les amorces pour pétards ou pour détonateurs, les détonateurs pour pétards explosifs, les détonateurs amorcés pour obus. En aucun cas ces artifices ne devront être placés dans un magasin contenant des explosifs.

Les locaux désignés pour recevoir des artifices doivent être choisis parmi ceux qui ne sont pas humides, qui sont peu sensibles aux variations de la température extérieure et qui sont susceptibles d'être facilement aérés. Ils devront être tenus avec la plus grande propreté et être bien fermés. Quand il y aura lieu de les aérer, il convient de garnir les ouvertures exposées au soleil de stores en toile.

Exceptionnellement, et quand les ressources locales ne permettront pas une autre solution, on peut mettre des artifices dans des magasins contenant soit des projectiles chargés, soit des poudres ou des munitions encaissées dans des récipients métalliques.

TITRE V.

GARDE ET SURVEILLANCE EXTÉRIEURE DES MAGASINS.

Art. 26. — Au point de vue de la surveillance, les magasins contenant des poudres ou des explosifs sont rangés en quatre catégories.

La première comprend les magasins dont les abords sont accessibles au public, et les groupes de magasins établis à l'écart des centres de population; les magasins de cette catégorie sont gardés en permanence.

La deuxième catégorie comprend les magasins ou groupes de magasins situés à l'intérieur d'un établissement militaire; les magasins de cette catégorie peuvent n'être gardés que pendant la nuit.

La troisième catégorie comprend les magasins dont les abords sont inaccessibles au public, et ceux des forts détachés renfermant une garnison. Ces magasins sont surveillés par des plantons ou par un service de ronde, si le faible effectif de la garnison rendait la surveillance par des plantons trop pénible.

La quatrième catégorie comprend les magasins situés dans des ouvrages isolés et sans garnison.

La surveillance de ces magasins est confiée à un gardien de batterie, auquel on adjoint, s'il y a lieu, un ou deux canonniers.

Art. 27. — Dans certains cas, il peut y avoir avantage à établir des communications spéciales et rapides, telles que des appels par sonnerie, etc., entre les sentinelles chargées de la surveillance des magasins et le poste correspondant. Ces installations, ainsi que celles du même genre également destinées à améliorer les conditions de sécurité et de surveillance des immeubles dépendant du service de l'artillerie, sont à la charge de ce service, les mesures d'exécution étant examinées préalablement, en conférence, s'il y a lieu, avec les services intéressés (1).

Art. 28. — La porte extérieure des magasins contenant des poudres ou des explosifs est fermée par deux serrures différentes afin que leur ouverture exige le concours de deux personnes. Une des clefs est confiée au garde d'artillerie comptable de l'établissement ou, pour les magasins situés dans un ouvrage détaché, au

______

(1) Circulaire n° 1-1, du 3 juin 1895, relative à l'établissement de sonneries d'avertissement entre les guérites des sentinelles et les postes.

gardien de batterie chargé de la surveillance de l'ouvrage.

Pour les magasins de la première catégorie, la deuxième clef est conservée au corps de garde, sous la responsabilité du chef de poste.

Le chef de poste doit être prévenu de l'ouverture et de la fermeture des magasins et est tenu d'y assister. Toutefois, pour les groupes de magasins gardés par un poste spécial et pour les magasins isolés dont la garde n'est pas assurée par un poste spécial, le chef de poste peut se faire remplacer par un délégué.

Pour les magasins de la deuxième catégorie, la deuxième clef est confiée au garde chef artificier ou au sous-officier qui en fait fonction.

Pour les magasins de la troisième catégorie, la deuxième clef est confiée au commandant de l'artillerie de la place ou du fort. Dans le cas où il n'y aurait pas d'officier d'artillerie employé dans la place ou le fort, la clef qui devrait lui être confiée est remise à l'officier de la garnison le plus élevé en grade.

Ces officiers prescrivent, suivant les circonstances et sous leur responsabilité personnelle, les mesures de précaution à prendre au moment de l'ouverture des magasins.

Par exception, pour les magasins de la quatrième catégorie, les deux clefs sont déposées entre les mains de l'employé de l'artillerie chargé de la surveillance des magasins.

Art. 29. — La porte extérieure des magasins servant de dépôts de munitions aux corps de troupe est fermée par deux serrures différentes. Une des deux clefs est déposée au poste de police; l'autre clef est confiée à l'adjudant de semaine.

Art. 30. — Les généraux commandant les corps d'armée sont juges de l'opportunité de laisser des cartouches à la disposition des factionnaires placés aux abords des magasins. Ils prescrivent, lorsqu'ils le jugent utile, l'arrestation immédiate de tout individu rôdant autour des magasins.

Sur le vu des propositions faites pour chaque place par le chef du service de l'artillerie et par le commandant d'armes, ils déterminent le nombre des factionnaires ou plantons à affecter à la surveillance des magasins des trois premières catégories.

Le chef de service propose au commandant d'armes la place à assigner aux factionnaires et aux plantons, ainsi que les dispositions spéciales à insérer dans leurs consignes et dans celles des chefs de poste. Ces dispositions varient avec les circonstances locales. Toutefois, en raison de la puissance des armes actuelles, il sera toujours spécifié que le factionnaire ne devra jamais tirer dans une direction fichante par rapport au magasin.

Art. 31. — L'employé de l'artillerie s'assure souvent que les factionnaires ou les plantons placés près des magasins exécutent strictement leurs consignes. S'il remarque de la négligence dans leur service, il en rend compte au directeur de l'établissement ou au commandant de l'artillerie; il l'informe aussi immédiatement de tous les événements qui seraient propres à porter atteinte à la sûreté des magasins.

Art. 32. — Les directeurs ainsi que les commandants de l'artillerie des différentes places veillent attentivement à la stricte observation de la loi du 22 juin 1854, qui établit des servitudes autour des magasins à poudre.

En ce qui concerne les magasins à poudre recouverts de terre, les points où les couloirs donnant accès aux magasins émergent à l'extérieur des remblais doivent, dans l'esprit de la loi, être considérés comme faisant partie de l'enceinte de ces mêmes magasins. Par suite, sur les faces correspondantes, les distances prévues par les articles 1er et 2 de la loi du 22 juin 1854 doivent être comptées à partir du pied des remblais.

En outre, il est rendu compte immédiatement au Ministre, par un rapport spécial, des observations faites sur les constructions que l'on viendrait à élever en dehors des zones créées par la loi précitée et dans un rayon de 200 mètres autour des magasins.

Art. 33. — Si un incendie vient à éclater dans un lieu peu éloigné d'un magasin contenant des poudres, des munitions, des artifices ou des explosifs, l'employé de l'artillerie prend immédiatement toutes les mesures propres à préserver le magasin du feu, notamment les mesures suivantes :

1° Fermer les évents et les cheminées d'appel, et boucher avec de la terre mouillée les vides qui peuvent exister autour des portes et des volets;

2° Tenir en réserve, à proximité des magasins, des baquets et seaux remplis d'eau;

3° Empêcher qu'aucun objet retiré de l'incendie ne soit apporté dans le voisinage du magasin;

4° Faire monter sur la toiture quelques hommes auxquels on fera passer des seaux d'eau;

5° Faire amener, s'il est possible, une pompe à incendie près du magasin, et s'en servir, le cas échéant, pour arroser la toiture et les volets.

Art. 34. — Dans les communes où se trouvent des magasins ou des dépôts contenant soit de la poudre, soit des explosifs, les commandants d'armes doivent s'entendre avec le maire de la localité intéressée pour déterminer, à l'avance, le ou les emplacements sur lesquels pourront être tirés des feux d'artifices. A ce sujet, on tiendra compte des dispositions suivantes;

adoptées de concert avec M. le Ministre de l'intérieur (1) :

1° Prescrire une distance minimum de 100 mètres
autour des magasins à poudre et des établissements
contenant des explosifs, pour les feux d'artifices qui
ne comportent que l'emploi de lances, feux de bengale
ou autres artifices brûlant sur place;

2° Prescrire une distance minimum de 800 mètres
autour des magasins à poudre et des établissements
contenant des explosifs, pour les feux d'artifices qui
comportent le tir de fusées, bombes ou autres artifices
lançant des parcelles enflammées susceptibles de pro-
voquer des incendies;

3° Interdire absolument, dans les régions où se trouvent des magasins à poudre et des établissements contenant des explosifs, l'emploi des engins constitués
généralement soit par des ballons d'où doivent partir
des pièces d'artifices, soit par des montgolfières munies de leur appareil à combustion.

Un procès-verbal des conventions intervenues est
dressé en partie double; un exemplaire de ce procès-
verbal est remis au maire, l'autre reste entre les mains
du représentant de l'autorité militaire.

---

(1) Circulaire du 9 février 1888 sur les prescriptions pour
l'exécution des mesures relatives au tir des feux d'artifices
dans le voisinage des poudreries, magasins et dépôts de
poudres à feu.

TITRE VI.

OUVERTURE DES MAGASINS.

Art. 35. — Chacune des clefs d'un magasin contenant des poudres, des munitions, des artifices ou des explosifs porte une étiquette indiquant la lettre ou le numéro par lequel on le désigne. Les clefs des magasins formant groupe, et qui restent en dépôt dans les corps de garde, sont seules réunies en trousseaux.

Lorsqu'on doit ouvrir un magasin, si l'employé ou l'officier d'artillerie présent juge nécessaire d'augmenter le nombre des factionnaires, il en prévient le chef de poste, qui fournit le nombre d'hommes demandé; ceux-ci sont placés d'après les indications de l'officier ou de l'employé de l'artillerie.

Art. 36. — S'il s'agit d'un magasin éclairé artificiellement, l'employé de l'artillerie s'y transporte avant l'arrivée du détachement des travailleurs. Il fait porter avec lui les lampes en nombre suffisant pour l'éclairage, et, en outre, une lanterne portative (1). Dans aucun cas, cette lanterne portative ne doit être allumée dans l'intérieur du magasin ou de la chambre d'éclairage. L'employé de l'artillerie fait placer les lampes dans leurs emplacements après s'être assuré qu'elles fonctionnent régulièrement; il fait ensuite sortir ses aides et se retire le dernier, en fermant, le cas échéant, la porte donnant accès à la chambre d'éclairage.

Si, pendant la durée du travail, quelque irrégularité vient à se produire dans l'éclairage, l'employé de l'artillerie va lui-même prendre les mesures nécessaires pour remédier au mauvais fonctionnement des appareils. Sous aucun prétexte, il n'enlève la cheminée en verre d'une lampe avant d'avoir éteint complètement cette lampe.

Le travail terminé, il fait sortir les hommes du magasin et garde seulement le nombre d'aides nécessaires pour transporter les lampes. Après avoir fermé les portes autres que celles qui donnent accès aux chambres d'éclairage, il fait éteindre les lampes et les fait emporter en s'éclairant au moyen de la lanterne portative.

Art. 37. — Dans les magasins ne contenant que des poudres en caisses, on peut se servir des lanternes portatives du modèle réglementaire, soit pour éclairer

---

(1) La description de la lanterne portative est donnée dans une note du 28 août 1874.

momentanément des points du magasin que les lampes à poste fixe laisseraient dans l'ombre, soit pour pénétrer dans les magasins lorsque les appareils à poste fixe ne sont pas allumés. Il est absolument interdit d'ouvrir les lanternes portatives à l'intérieur des magasins.

Art. 38. — Les travailleurs qui pénètrent dans les magasins à poudre doivent être déchaussés ou avoir mis une paire de sandales spécialement destinées à cet usage; ils ne doivent jamais pénétrer dans les magasins avec des chaussures munies d'éperons (1).

L'employé de l'artillerie veille avec le plus grand soin à ce qu'on n'introduise dans les magasins contenant des poudres, munitions, artifices ou explosifs, ni armes, ni cannes, ni trousseaux de clefs, ni autres objets susceptibles de produire des étincelles; il invite, en outre, les personnes qui auraient des briquets ou des allumettes à les déposer à l'extérieur du magasin.

Art. 39. — Dans les magasins du temps de paix, des châssis garnis de toiles métalliques sont placés aux fenêtres dès que les volets sont ouverts.

Les battants des portes et des volets sont tenus ouverts à l'aide de crochets à ce destinés, de manière à ce que le vent ne puisse les agiter.

-----

(1) Des cache-éperons mobiles peuvent être attachés aux sandales destinées aux officiers.

TITRE VII.

ENTRETIEN DES MAGASINS ET DES APPAREILS D'ÉCLAIRAGE.

Art. 40. — Les officiers et les employés de l'artillerie chargés de la surveillance des magasins examinent fréquemment chaque magasin pour voir s'il présente des traces d'humidité. Ils s'assurent, en particulier, du bon état des couvertures, des chéneaux et des tuyaux de descente. Le cas échéant, ils cherchent à reconnaître d'où l'humidité peut provenir.

Pour les magasins souterrains ou recouverts de terre, ils recherchent s'il n'y a pas d'infiltration à travers les parois et si les rigoles établies pour recueillir les eaux de suintement sont propres et bien dégagées.

Art. 41. — Le sol pavé de la cour d'enceinte des magasins à poudre du temps de paix est maintenu constamment dans le plus grand état de propreté. On a soin d'arracher les herbes qui pourraient croître entre les joints du pavé; ceux-ci sont réparés au mortier hydraulique dès que cela devient nécessaire. On ne tolère à l'intérieur de cette cour aucune plante ou arbuste susceptible d'entretenir l'humidité ou d'empêcher l'action du soleil. On doit, en outre, éviter toute plantation d'arbres dans un rayon de 25 mètres à partir du mur d'enceinte.

Art. 42. — Lorsqu'il y a lieu de réparer des couvertures métalliques, des chéneaux ou des tuyaux de descente, ces travaux doivent être exécutés en la présence de l'employé de l'artillerie chargé de la surveillance du magasin; il ne laisse faire de soudures sur place que dans le cas où il y a impossibilité absolue d'opérer autrement. Avant le commencement du travail, il vérifie et nettoie les plaques de sûreté en toile métallique placées dans l'intérieur des évents.

Art. 43. — L'aérage des magasins doit être surveillé avec le plus grand soin. Il convient, pour l'effectuer, d'avoir égard aux circonstances particulières de la localité; mais, en général, pour les magasins du temps de paix, les portes extérieures des évents ne sont ouvertes que si le ciel est serein, l'air sec et calme, la température extérieure peu élevée. On doit les tenir fermées pendant les grandes chaleurs, les temps humides et pluvieux, et surtout au moment du dégel. Toutes les fois que l'air extérieur sera fortement chargé de vapeur d'eau ou que sa température semblera devoir être plus élevée que celle de l'air contenu dans le magasin, on n'y entrera que si l'on y est absolument contraint par les nécessités du service.

Pour juger de l'opportunité d'aérer les magasins souterrains, on peut se servir d'un vase argenté que l'on dépose dans la chambre aux poudres, sur un rayon voisin de l'entrée. A côté de ce vase doit être affichée une consigne relative à son mode d'entretien et à son mode d'emploi (1).

Art. 44. — Pour les magasins contenant des poudres B ou des munitions chargées en poudre B, on doit éviter toute ventilation exagérée et chercher à maintenir la température des magasins aussi basse que possible. Dans le même ordre d'idées, il convient d'éviter de laisser les poudres B exposées à l'air ou à des températures élevées (2).

Art. 45. — Dans les magasins éclairés artificiellement, le service des appareils d'éclairage est fait, sous la surveillance et sous la responsabilité directe de l'employé de l'artillerie, par un homme de confiance, que l'on doit changer le moins souvent possible.

Le diaphragme en verre de chaque baie d'éclairage est nettoyé soigneusement avec un linge, à l'intérieur et à l'extérieur, au commencement et à la fin de chaque séance de travail. Il ne doit, sous aucun prétexte, être retiré de son emplacement, si ce n'est pour réparations indispensables et sur l'ordre du commandant de l'artillerie de la place ou du directeur de l'établissement. La copie de cet ordre est transcrite sur le registre des magasins à poudre.

Les lampes sont déposées dans un local spécial et placées dans une armoire fermant à clef, à l'abri de la poussière et de l'humidité.

Elles doivent toujours se trouver dans le plus grand état de propreté, être en état de servir immédiatement, sans toutefois être remplies d'huile.

---

(1) La description du vase argenté, ainsi que les prescriptions concernant son mode d'entretien et son mode d'emploi, sont données dans une note en date du 21 février 1884.

(2) Par suite, les récipients contenant ces poudres, y compris les coffres à munitions, doivent, autant que possible, être tenus à l'abri des rayons directs du soleil.

TITRE VIII.

PARATONNERRES.

Art. 46. — Les dispositions relatives à l'organisation, à l'entretien et à la visite périodique des paratonnerres des magasins à poudre font l'objet d'instructions spéciales (1).

---

(1) Ces dispositions, contenues dans l'instruction du 23 mars 1877, pour l'établissement des paratonnerres des édifices militaires et principalement des magasins à poudre, et dans divers autres documents postérieurs, seront prochainement revisées. En attendant, toutes les dispositions actuellement en vigueur resteront réglementaires.

TITRE IX.

VÉRIFICATION DE L'ÉTAT DES POUDRES, MUNITIONS, ARTIFICES ET EXPLOSIFS.

Art. 47. — Les poudres, munitions, artifices et explosifs sont soumis chaque année à une visite ayant pour objet de s'assurer du bon état de conservation des approvisionnements. Des instructions spéciales font connaître les conditions dans lesquelles cette visite doit être passée.

Art. 48. — La visite des poudres, munitions et artifices peut comporter des épreuves dont l'exécution est confiée, soit à l'établissement chargé de passer la visite, soit à la commission centrale de réception des poudres de guerre, soit à une commission d'expériences, soit à l'École centrale de pyrotechnie militaire.

En particulier, les poudres de guerre, y compris les poudres appartenant au service du génie et déposées dans les magasins des établissements de l'artillerie, sont éprouvées tous les cinq ans par la commission centrale de réception des poudres de guerre. Un ordre ministériel désigne, chaque année, les lots qui doivent être éprouvés et les directions ou établissements qui devront fournir les échantillons. En outre des épreuves quinquennales ci-dessus mentionnées, la commission centrale de réception des poudres de guerre effectue, sur l'ordre du Ministre, toutes les épreuves jugées nécessaires pour s'assurer du bon état de conservation des poudres existant dans les approvisionnements.

TITRE X.

TRANSPORT DES POUDRES, MUNITIONS, ARTIFICES ET EXPLOSIFS.

Art. 49. — Les voitures employées à un transport de poudres ne doivent jamais recevoir plus de quatre rangs de caisses ou de barils; ces récipients sont placés dans des chapes.

Les voitures employées au transport des explosifs ne doivent jamais recevoir plus de deux rangées de fûts; celles qui sont employées au transport des artifices peuvent recevoir quatre ou cinq rangées de caisses. Dans ce dernier cas, il est nécessaire de prendre des mesures spéciales pour assurer la stabilité des caisses du rang supérieur.

Les récipients doivent être assujettis sur les voitures avec solidité par des cordages et des traverses, s'il y a lieu, de manière à prévenir tout dérangement dans le chargement.

Pour les transports par eau, les caisses ou barils doivent être empilés dans le bateau avec solidité sur des planches ou des pièces de bois, de manière que les récipients du rang inférieur soient au moins à 10 centimètres au-dessus du fond du bateau.

Il convient de réserver dans toute la largeur du bateau, en nombre proportionnel à sa longueur, des espaces de 70 centimètres chacun, destinés à recevoir les eaux; celles-ci doivent être fréquemment écopées.

On ne doit admettre, sur les voitures transportant des poudres ou des explosifs, ni voyageurs ni marchandises. Les chargements expédiés par eau doivent être isolés de tout autre objet mis à bord du bateau. Le bateau ayant un chargement de cette nature est lui-même isolé de tout autre.

Art. 50. — Toutes les opérations relatives au chargement et au déchargement, à l'embarquement et au débarquement, sont exécutées sous la direction d'un employé de l'artillerie, qui veille à ce que les récipients soient convenablement abrités.

Le commandant de l'artillerie fait accompagner le convoi par une escorte toutes les fois qu'il juge cette précaution nécessaire.

Art. 51. — Avant le départ du convoi, l'employé de l'artillerie rappelle aux conducteurs des voitures que tous les mouvements en route sont réglés par le commandant de l'escorte, qu'ils sont tenus de se conformer à l'itinéraire qui leur a été fixé ainsi qu'aux mesures

de police et de sûreté prescrites par les autorités locales au sujet de la circulation et du stationnement
des poudres et des explosifs.

Art. 52. — A l'arrivée d'un convoi, l'employé de l'artillerie examine l'état des récipients ou des objets
transportés.

S'il aperçoit des dégradations provenant du transport, il en fait mention sur la lettre de voiture ou sur
le récépissé provisoire qui se trouve entre les mains
du chef de convoi.

Si le convoi arrive la nuit, l'employé de l'artillerie
fait approcher les voitures du magasin, demande, s'il
le juge utile, un factionnaire de plus et attend jusqu'au
jour pour faire opérer le déchargement.

Pendant le déchargement les factionnaires doivent
redoubler d'attention, notamment pour empêcher l'ap-
proche des fumeurs.

Art. 53. — Les précautions à prendre pour les transports des poudres, munitions, artifices et explosifs par
les compagnies de chemins de fer sont déterminées par
le règlement du 12 novembre 1897 et par la circulaire
complémentaire.

Art. 54. — Lorsque le transport est effectué au moyen
des chemins de fer à voie de $0^m,60$, affectés au service
des places, les wagons portant des poudres, munitions,
artifices ou explosifs sont, dès qu'ils sont chargés,
remis à un sous-officier qui devient responsable du
chargement. Celui-ci accompagne le convoi et prend
ou provoque toutes les mesures nécessaires pour éviter
les accidents.

TITRE XI.

DISPOSITIONS SPÉCIALES AUX POUDRES DESTINÉES
AU CHARGEMENT DES DISPOSITIFS DE MINE.

Art. 55. — Les poudres destinées au chargement des dispositifs de mine permanents, dont les chambres sont habituellement envahies par l'humidité ou peuvent même être noyées par les crues, sont renfermées dans des récipients imperméables, constitués par un cylindre en zinc de dimensions presque identiques à celles du baril à poudre de 50 kilogrammes et pourvus comme lui d'une chape en bois.

Les récipients enchapés du service du génie peuvent être conservés dans les magasins de l'artillerie, mais il est essentiel de prendre à leur égard toutes les précautions réglementaires, notamment celles qui sont relatives à l'entretien et à la conservation des chapes.

Paris, le 17 août 1897.

Le général de division,
président du comité technique de l'artillerie,
NISMES.

Approuvé le 16 avril 1898.

Le Ministre de la guerre,
BILLOT.

ᵉ CORPS D'ARMÉE.

—

DIRECTION D'ARTILLERIE
d

—

PLACE D

CLASSEMENT

PAR LOTS ET PAR MAGASINS, DES POUDRES, MUNITIONS, ARTIFICES ET EXPLOSIFS

INSTRUCTION

POUR LA TENUE DU PRÉSENT REGISTRE.

Le présent registre est destiné à faire connaître la
manière dont les différents lots de poudre, de munitions, d'artifices et d'explosifs sont répartis dans les
divers magasins de chaque place ou de chaque établissement.

Dans la colonne 1 sont énumérés les magasins de la
place ou de l'établissement (1). Pour l'inscription des
munitions et artifices faisant partie des équipages de
campagne, de siège ou de montagne, on doit considé-
rer chaque unité (batterie, section de munitions, section de parc) comme constituant un magasin distinct.

Dans l'en-tête des colonnes faisant suite à la colonne
n° 1 doivent être inscrits successivement tous les lots
de poudres, de munitions, d'artifices ou d'explosifs
existant dans les magasins de la place ou de l'établissement.

Lorsqu'un lot de poudre (de munitions, d'artifices ou
d'explosifs) est changé de magasin, il y a lieu :

1° D'effacer le nombre inscrit sur la ligne correspondant au magasin primitif;

2° De faire une ou plusieurs inscriptions nouvelles
suivant que le lot a été placé en totalité dans un seul
magasin ou a été réparti dans plusieurs magasins.

---

(1) Plusieurs magasins situés dans un même ouvrage
peuvent être considérés comme ne faisant qu'un seul magasin.

DÉSIGNATION des MAGASINS.	GARGOUSSES DE 90 CHARGÉES EN POUDRE B C.										

DÉSIGNATION des MAGÁSINS.	GARGOUSSES DE 80 DE CAMPAGNE chargées en poudre B C.					GARGOUSSES DE 80 DE MONTAGNE chargées en poudre BCNL.			

TABLE DES MATIÈRES.

Paris et Limoges. — Imprimerie militaire H. Charles-Lavauzelle.

9 782013 398008